# Donald Kulesza-Betzen

# SCHREIE DES FASANS

## Gedichte

Bibliografische Information der Deutschen Nationalbibliothek: Die Deutsche Nationalbibliothek verzeichnet diese Publikation in der Deutschen Nationalbibliografie; detaillierte bibliografische Daten sind im Internet über dnb.dnb.de abrufbar.

Layout:        Kornelia Betzen
Illustration:  Kornelia Betzen
Coverdesign: Dr. Christian Betzen

Herstellung und Verlag: BoD – Books on Demand, Norderstedt

**ISBN** 9783754348604

# Vorwort

Die vorliegenden Gedichte entstanden über einen längeren, mehrjährigen Zeitraum. Dabei waren die Themen und Inhalte selten geplant. Die Anlässe ergaben sich spontan und spiegeln die seelischen Bedürfnisse des Dichters, wobei man niemals eine völlige Identität zwischen dem lyrischen Ich und dem Autor unterstellen darf.

Alle Emotionen werden sichtbar:

Enttäuschung, Zorn, Ängste, Hoffnung, Liebe zur Natur und den Mitmenschen, Sorgen und Leid, verzehrende Melancholie, aber genauso Versöhnung, Freude, Glück, Jubel und Heiterkeit.

Poesie ist der Königsweg zum Herzen. Poesie ist Diagnose und Therapie für die Seele.

Ohne Poesie leben wir in einer kalten Welt.

Der Autor wäre glücklich, wenn seine lyrischen Versuche auch andere Gefühlsmenschen anregen, es ihm gleichzutun.

# Inhalt

## 6. Nordsee                123

## 7. Pandemie                145

## 8. Klagelieder     169

# Schreie des Fasans

Schon versank die Sonne glutrot
im Meer.

Nach vielen Stunden im Watt

Fühlte ich mich ziemlich matt.

Im tiefen Schlick fiel mir das Wandern
schwer.


Froh war ich, als das feste, grüne Land
ich schließlich sah.

Mein Zimmer würde warm und gemüt-
lich sein.

Ich dachte an Friesentee und ein Gläs-
chen Wein.

Schon ragten die Dächer empor, das
Dorf war da.

Endlich hab' ich's geschafft.

Mobilisiere meine letzte Kraft.

Durch die Dünen geh ich geschwind.

Von hinten drückt ein munterer Wind.


Doch plötzlich raschelt neben mir

Zwischen Dornen ein eindrucksvolles Tier.

Da stolziert ein großer, bunter Vogel mit festem Schritt,

Ich folge ihm mit leisem Tritt.

Verleibt sich genüsslich ein die sauren Beeren,

Wer wollt' es ihm verwehren?


Es fährt in mich hinein, ich will ihn jagen,

Doch ich bin müde, kann's kaum ertragen.

Er ist so flink, ich komm' nicht mit.

Jetzt erkenn ich ihn. Es ist ein FASAN.

Im Wahn will ich ihn fassen.

Ich kann's nicht lassen.

Jagdlust treibt mich an.

Hätte ich ihn doch in Ruhe gelassen!


Ich stürze über einen Mauerstein,

Breche fast mein rechtes Bein.

Er aber flüchtet prompt,

Ohne weiteres mir entkommt

In die Dünen hinaus,

Stößt grelle Schreie aus,

Die mich zutiefst erschrecken

Und in mir den Gedanken erwecken:

Ich bin der freche Eindringling hier,

Denn hier ist sein Revier.

# 1. Jahreszeiten

# Frühling soll's nun werden

Süßer Wind, du bläst geschwind,

Wieder warm und sanft um die Ecke.

Die Lebenslust in mir erwecke.

All das bewirkst du, lieblicher Wind.


Zu neuen Taten will ich schreiten.

Mein wintermüder Blick soll sich nun weiden

Am frischen Grün, dem betörenden Duft der Blüten.


Bald geht's hinaus, in den lebendigen Wald,

Mir ist's, als wär' es nicht mehr kalt!

Mir ist's, als fahr' ich in den Süden,

Hör' den vielstimmigen Gesang

Der bunten Vögel im Überschwang.

Mein frohes Herz pocht und springt

Vor Liebeslust mit ihnen singt.


Endlich vorbei die Zeit der Zähren!

Endlich kann ich mich des Trübsinns
erwehren!

Was will ich mehr, als auf meiner Bank
zu ruh'n

Und gar nichts mehr zu tun.

Den ruhigen Blick wohlig schweifen zu
lassen,

Still zu sein. Ich muss nicht prassen.


Lasst mich zufrieden mit den Stürmen
der Zeit!

Will jetzt nichts hören von Zwist und
Leid!

Jetzt ist für mich die Zeit der Heiter-
keit.

Die Vögel singen, mein Herz wird weit.

Die ruhige Einkehr und die gelassene Stille,

Das allein, sonst nichts, ist mein erklärter Wille.

Gönnt mir die bescheidene Einkehr auf der Bank.

Verschont mich endlich mit eurem Zank.

Das allein, erwarte ich, sonst keinen Dank.

# Frühlingssehnsucht

Draußen schlägt der Hagel gegen die Dächer.

Draußen heult der eiskalte Wind.

Schwarzgraue Wolken am Himmel sich ballen,

Aus ihnen dicke Tropfen fallen.


Wann endlich kommst du, milde Zeit?

Machst mein sehnendes Herz wieder weit.

Noch muss ich mich bescheiden,

In aller Stille leiden.


Bild ich's mir ein? Nein, er wird schwächer.

Hör ich die Vögel singen?

Süßer ihre Lieder nie klingen.

Doch habe ich mich geirrt?

Was hat meine Sinne verwirrt?

In einem Glas Wein,

Trost ich find.

# Sommerhitze

Wie die beschwerliche Sommerhitze

dringt durch jede kleine Ritze!

Nimmt es Wunder, dass ich schwitze

Und unter dem Laubdach meiner Buche

Schutz vor der heißen Sonne suche.


Hab' ich nicht an grauen, frostigen Wintertagen,

Die wohlige Wärme ersehnt?

Wollte mich kaum in die Kälte wagen,

Mich eher im milden Süden gewähnt.


Sommerglut, bist du jetzt für uns zu viel?

Oder ist wieder sinnloser Frust mit im Spiel?

Heute vertreib ich dich mit einem Glas Wein.

Sonst trink' ich nicht, jetzt aber muss es sein.

Wird uns denn selbst der Genuss

Irgendwann zum Überdruss,

Wenn wir ihn haben im Überfluss?

Genießen wir den heißen Tag!

Komme, was da kommen mag!

Hier liegen wir entspannt und träumen,

Wohlwissend, dass wir nichts versäumen.

Wer weiß schon, was der Morgen bringt?

# Der Herbst beginnt

Im Herbst vergehen die Sommer-
träume.

Waren es nur blubbernde Schäume?

Kalter Regen fällt auf kahlere Bäume.


Blätter treiben wirbelnd im Wind.

Es wird kühler. Der Herbst beginnt.

Es rüttelt und schüttelt an der Garten-
tür.

Flieh ich in den Süden, oder bleib ich hier?

Ich beginne von warmen Lüften und Stränden zu träumen.

Ach, nicht mehr länger möcht' ich meine Stunden und Tage vergeuden!

Ja, es zieht mich mächtig in den sonnigen Süden,

Wenn hier die Stürme an den Dächern und Bäumen wüten.

Und doch! Hier ist meine Heimat, mein Zuhause.

Hier atme, hier lebe ich, bin kein Banause!

Jetzt schau ich zum Fenster hinaus auf den Wald.

Zu allem Überdruss, dunkle Wolken schrecken bald.

Der Regen wird stärker, löscht den Durst der Erde,

Auf dass sie nach sommerlicher Dürre wieder fruchtbar werde.

Wir brauchen diese Wende,

Sonst wär's mit uns bald zu Ende.

Meine Stiefel zieh ich hurtig an. Hinaus ich lauf

Auf den nahen Hügel hinauf.

Weder der kalte Wind noch das widrige Wetter kann mich schrecken.

Für mich gibt's immer Neues zu entdecken.

In den menschenleeren Alleen geh ich auf und ab.

Ich beuge mich zum bunten Laub hinab.


Oh, wie es duftet, in ihm steckt immer noch des Sommers ganze Lust,

Vertreibt mir auf der Stelle allen Seelenfrust.


Auch der Herbst hat seine schönen Seiten!

# Winterleid, Winterfreud

Eisig zerrt der Wind an den Haaren

Und rührt die geröteten Augen zu Trä-
nen

Und beißt mir ins warme Gesicht.


Raureif überzieht das gefrorene Gras.

Kein Wunder, dass meine Gedanken
nach dem Süden schweifen,

Wo bald schon süße Orangen reifen.


Doch mit der schneidenden Kälte
kommt auch zurück das Licht,

Alles durchbricht es jetzt wie Glas.

Verzaubert Garten, Wald und Flur.

Wer Augen hat, der schaue nur,

Wahre Wunder vollbringt die Natur!

Der Frost jedoch kriecht lähmend durch das Land,

Die Kälte das muntere Treiben längst überwand.

Das Wasser im Teich ist gänzlich in Eis erstarrt.

Meine Seele schwankt hin und her.

Bin ich doch auch in diese Bilder der frostigen Ruhe vernarrt.

Auf sie ganz zu verzichten, fällt mir

schwer.

Hör ich jetzt draußen munter die Vögel
singen?

Es scheint, als ob sie die Wärme des
Frühlings erzwingen.

Auch zur Unzeit Heiterkeit und Froh-
sinn mit sich bringen.

Vorsicht, Wintersonne, mit deinem
Glanz lullst du mich ein!

Ein Trugbild zaubern deine hellen
Strahlen.

Du spendest keine Lebenskraft,

Die nur die Sommersonne schafft.

Dein Geiz erwirkt in mir nur Qualen.


Hast du denn keine Macht,

Wenn du durchs Fenster scheinst so
sacht?

Und doch, Väterchen Frost, auch du
hast schöne Seiten

Und nicht nur die, an denen sich
meine Augen weiden.

Vergänglich ist die Freude, vergänglich
auch der Schmerz.

Frohe Gedanken an die Wende weiten
schon mein Herz.

Noch bist du der Herr der Stunden und
Tage,

Wirst Mensch und Tier zur Plage.

Je kälter dein Ritt durch Flur und Na-
tur,

Werd' ich doch warten nur,

Bis endlich deine Macht zerbricht,

Und über Äcker und Wiesen

Der süße Frühlingswind weht,

Das Gras und die neuen Triebe sprie-
ßen,

ein buntes Blütenmeer entsteht.

Abschied von dir zu nehmen, fällt mir
nicht schwer.

Dir weine ich keine Träne nach.

# 2. Geburtstagsgedichte

## Du hast mein Herz berührt.
### Zu einem ersten Geburtstag

Ein Blick genügt, ich bin vergnügt.

Hätt' nie gedacht, dass es dies gibt!

Doch hat's das Schicksal so gefügt.

Hab mich in meine kleine Enkelin verliebt.

Ein Jahr erst ist sie alt.


Du berührst mein müdes Herz.

Deine sanften, blauen Augen lachen,

Vertreiben Ängste und Schmerz.

Können mir kein schöneres Geschenk machen.

Ein Jahr erst ist es her.

Ein Blick genügt, mein Herz ist berührt.

Du bist wie eine zarte Blume,

die mich, den Alten, fasziniert.

Lieblich sich entfaltet, geheimnisvoll
wie eine Lotusblüte.

Seit einem Jahr verzauberst du mich.


Machtvoll soll sie über dir scheinen,
die Wärme spendende Sonne!

Füllhorn des Lebens, schütte über dir
aus, Glanz und Wonne!

Gott, wehre ab von diesem jungen Le-
ben

Das Böse immerdar!

Schenke ihr Glück und allen Segen

Für viele kommende Jahre

Und

Diesen zauberhaften Glanz der Augen
bewahre!

# Für meine kleine Enkelin

Drei Jahre sind vergangen, seit du das Licht der Welt erblickt.

Ist es vermessen zu bekennen:

Dich hat der Himmel uns geschickt?

Du bist des Hauses Sonnenschein.


Edler als der beste Wein

Erheiterst du den Tag,

Erfreust du das Herz,

Vertreibst du Traurigkeit und Schmerz.

Ist es vermessen, wenn ich sag'?

Wie die Sonne

spendest du uns Freude und Kraft,

Erweckst du Gefühle der warmen Wonne.

Mit deinen strahlend blauen Augen

Die mehr als Edelsteine taugen,

Wetteiferst du mit ihrer Macht.


Edler als Smaragd und Diamant,

Mehr wert als alles Gold und Geld,

Um das sich dreht die gierige Welt.

Aus dir strömt wahre Lebenslust.

In deiner Gegenwart schmelzen Ärger
und Frust

Dahin wie Schnee in der Sonne.

Was bleibt ist dankbare Wonne.

# Achtundzwanzig Jahre

Achtundzwanzig Jahre scheinen im Leben lang.

Nur in der Rückschau wird einem bang.

War's doch nur eine kurze Spann'.


Noch gibt es keinen Grund zu klagen.

War doch erfüllt die Zeit vom Streben.

Nun beginne endlich zu leben!


Jetzt bist du frei, dich zu entscheiden.

Sollen andere an ihren Depressionen leiden!

Glaub' mir, sie würden dich um manches beneiden!

Und nicht nur deiner Jugend wegen!

Verscheuche sie, die drückenden Sorgen!

Erhalte dir ein mutiges Herz!

Vertröste sie auf morgen,

Übermorgen, bis in alle Ewigkeit!

Verjage den ätzenden Schmerz!


Sag dir! Ich will jetzt mein Leben wagen.

Sollen Ängste andere plagen,

Die nach Eitelkeiten jagen.

Noch freue ich mich wie die gütige Zeit

Das Füllhorn des Lebens über mir entleert.

Jetzt atme ich unbeschwert.

Und hoffe, dass es noch lange währt.

Komme, was da wolle, ich bin bereit!

## Gedanken zum dreißigsten Geburtstag

Noch brauchst du nicht zu geizen mit der Zeit.

Noch ermahnt sie nicht zur Sparsamkeit.

Dreißig Jahre sind vorbei.


Kein Grund zur Trauer.

Manche Jahre waren süß, manche eher sauer.

In der Rückschau ist es einerlei.

Was vergangen, ist vorbei.


Nach vorne richtet sich dein Blick.

Böser Gedanken Disteln im Seelenfleisch bleiben zurück.

Jäte sie mutig und entschlossen aus.

Nur auf steilem Weg findest du heraus,

Was das Leben wertvoll macht,

Weder ist es Gold noch äußere Pracht.


Erfreue dich an den lustigen Wolken.

Der Wind treibt sie vor sich her.

Jede beeilt sich sanft, der anderen zu folgen.

Im weißen Kleid ziehen sie dahin am Himmel.

Mach's wie sie, es fällt nicht schwer.

Reite auf ihnen wie auf einem Schimmel.

Surfe auf dem Brett deiner Zeit.

Genieße deine Freiheit und Heiterkeit.


Gute Gedanken, in dir erwecke,

Sammle und schlecke

Den Honig kommender, schöner Jahre.

So kannst du dein Leben lange versüßen.

Strebe nach Frohsinn, Zufriedenheit bewahre.

Lass sie dir nicht von anderen verdrießen.

**FANGE SCHON HEUTE DAMIT AN.**

# Lebenswogen

### Zum 33. Geburtstag

Spürst du, wie die Jahre flüchten und
verfliegen,

Wie der launische Wind sie vor sich
hertreibt?

Was möchtest du festhalten, was soll
nicht versiegen?

Du willst, dass all dies ganz und gar für
immer bleibt:

Herzenswärme, Lebensfreude, Liebe
und Gesundheit.

Du sehnst dich nach Anerkennung
und Geborgenheit.


Du verabscheust Krankheit, Einsam-
keit und Leid.

Voll Inbrunst strebst du nach Glück

Und bescheidest dich bald schon mit
Zufriedenheit.

Du schaust verwundert auf die Jahre zurück.

Im Flug sind sie vergangen, ganz entrückt.


Erinnerungen und Gefühle! – Hast du Vergessen, was gestern war?

Welche Spuren werden bleiben nach der Flut im Sand?

Was endlich hält der Kraft der Wellen stand?

Lebenswogen, auf und ab, vom Wind der Veränderung aufgewühlt,

Ihr verwischt, löscht aus und überspült,

Was gestern war.


Wär' es nur so, wär' alles vergebens.

Alles Streben, alle Anstrengung verloren ganz und gar.

Doch du fühlst, es ist nicht wahr.

Dreiunddreißig Jahre bergen den Schatz des Lebens.

Dreiunddreißig Jahre und die stille Hoffnung auf das Doppelte, ja, das Dreifache,

Auf dass sich Liebe und Lebensfreude stets aufs Neue entfache

Und du nie müde sagst:

„Es ist genug."

# Das Karussell der Jahre

## Zum 35. Geburtstag

Spürst du, dass sich das Karussell der Jahre schneller dreht?

Im tanzenden Wirbel der Zeit

Verblassen Freude und Leid.

Sie jagen dahin.

Zusammen geben sie dem Leben erst Sinn.

Alles zerfällt schließlich zu Staub.

Alles wird der Zeiten dreister Raub.

Es dreht sich unaufhaltsam das Rad der Zeit.

Niemand weiß wie lange, wie weit.

Ist fünfunddreißig im Menschenleben
eine tiefe Zäsur?

Willst du mehr? Bist du zu Neuem be-
reit?

Willst du Veränderung, oder träumst
du nur?

Jetzt muss es sein, sonst wird es nim-
mermehr!

Ballast der Entscheidung drückt dich
sehr.

Es dreht sich unaufhaltsam das Rad
der Zeit.

Der Wille ist da, die Gedanken schwei-
fen weit.


Die vergangenen Jahre beschenkten
dich reich

Im Beruf wie in der Liebe gleich.

Verwöhnten dich mit honigsüßer
Frucht: Sie ist da!

Heiß ersehnt, Erfüllung der Freude:
Sie ist da!

Die Sonne des Glücks strahle über deine künftigen Jahre

Gerade auch in stürmischer Zeit.

Nie ist ein Leben ohne Leid.

Doch dreht sich unaufhaltsam das Rad der Zeit.

Es hält uns in Bewegung, gibt Trost und Heiterkeit.


Sei ein Jäger deiner Jahre.

Lass sie nicht ziehen träge dahin.

Erfülle sie stets mit Sinn.

Erlebe sie immer mit neuer Energie.

Dein Lebensmotto sei: jetzt oder nie!

# Her 59<sup>th</sup> Birthday

## Reflections

Fifty and nine winters have already passed.
They may have dug furrows of sorrow into
your body and mind.
Some ugly things may have battered your soul.
They may have tortured it, taking their wanton toll.
Yet, they haven't left you all hopeless and unkind.
Some may have tossed you up and down.
Yet, your course has ever been steady.
That's why you really deserve the crown.

Time that once willingly gave, now seems no
more ready
To bestow its generous gifts, but miserly holds
them back.

But your life is like a ship on the ocean which
high waves and gales defies,

*It will surely be rewarded in the end –*
*For defying the cruel sea and tearing open the*
*dark skies*
*To allow tender rays of sunshine*
*To warm your heart again.*

*Yes, all that is sent from Heavens above*
*To them who rightfully deserve bliss,*
*Who never faith and courage miss,*
*Though they may be tempest-tossed,*
*Their life's labour is never lost.*

## Zum Fünfundsechzigsten Lebensjahr

Fünfundsechzig Jahre – viel und doch noch lange nicht genug.

Noch ist's nicht eitler Wahn. Noch brennt in dir die Lebenslust.

Wär's jetzt vorbei – wär's dann nicht fast Betrug?

Doch du bist stark. Niemals kann schwächen dich der Lebensfrust.

Meine Liebe, hast viel erreicht. Kannst stolz sein.

Schaust zurück auf Jahre der Arbeit und der Freuden.

Was dir wichtig, was du ersehnt – ist es nicht dein?

Noch liegen viele Jahre vor dir, die du nicht wirst vergeuden!

Meine Liebe, nach Erfüllung strebst du ganz und gar.

Der Rest der Jahre soll es bringen.

Niemals lässt du dich zwingen,

Daran den Glauben zu verlieren.


Meine Liebe, du wirst die Erfüllung gewinnen. Sie wird wahr.

Wenn du dann neunzig Jahre zählst,

In dir noch Lebensfreude fühlst und dich nicht quälst,

Willst du noch weitere Jährchen haben.


Meine Liebe, ist das dann zu viel verlangt?

Wer kann es wissen,

Doch nicht, wer immer nur verdrießlich bangt,

Und schließlich viel zu früh abdankt.

Meine Liebe, du aber hast den festen Glauben

Und lässt es dir nicht rauben:

Das Zweigestirn aus Lebensfreude und Lebensglück.

Jetzt gilt es zu genießen; denn niemand dreht das Rad der Zeit zurück.

# Ein 67. Geburtstag

Noch herrscht der Pandemie Frust.

Schränkt ein die volle Lebenslust.

Doch schon am Horizont zeichnet sich
ab die Wende.

Die Impfung steht an, bringt das vor-
läufige Ende

Drückender Ängste und belastender
Sorgen,

Schenkt dir den neuen, hoffnungsvol-
len Morgen.


Nach harten, kalten Wintertagen er-
freut dich nun die Sonne.

Schon früh verwöhnt sie dich, erfüllt
dich ganz mit Wonne.

Die Blumen und Knospen sprießen, die
Vögel munter singen.

Jetzt kannst du wieder schöne Stun-
den in deinem Gärtchen verbringen.

Du atmest tief die milde Luft.

Sie trägt heran der Blüten Duft.


Siebenundsechzig Jahre sind eine lange Zeit.

Brachten Arbeit, Ärger, Trauer, Liebe und viel Heiterkeit.

So ist nun mal des Lebens Bahn.

Nur Glücksmomente wären Wahn,

Vielleicht noch schwerer zu ertragen,

Als bange Stunden an schwarzen Tagen.


Am siebenundsechzigsten Geburtstag blickst du zurück.

Das gütige Schicksal bescherte dir viel Glück.

Klug ist, wer die Mitte erstrebt.

Klug ist, wer nur von Tag zu Tag lebt.

Du willst noch manche frohe Stunde genießen.

Und lässt dir schöne Tage nicht verdrießen

Durch anderer Leute ätzendem Verdruss.

Mit solcherlei Geschwätz machst du schnell Schluss.


Von Herzen wünsche ich dir Gesundheit und Frohsinn.

Nicht Gut noch Geld sind auf die Dauer echter Gewinn.

Viel mehr sind es Gesundheit, Familienglück und unbeschwerte Gedanken.

Sie verleihen dir Kraft und lassen dich nicht wanken.

An diesem Freudentag sollst du mit Recht dem Schöpfer danken

Für all die Jahre, die er dir freimütig gab

Und für alle, die er noch gewähren mag.

# Melancholie mit Siebzig

Der Wind jagt die welken Blätter vor mir her.

Regen peitscht mir ins Gesicht.

Die Erinnerung an wärmere Tage fällt mir schwer.

Weit draußen auf den erdbraunen Wellen tanzt die Gischt.

Wo bist du geblieben, trügerische Sonne?

Einst war mein Herz voll Wonne.

Willst dich hinter dunklen Wolken verstecken?

Was willst du nur damit bezwecken?

Ah, jetzt scheinst du wieder vom Firmament.

Deine hellen Strahlen, kraftvoll und
ungehemmt

Bringen mir zurück die Heiterkeit,

Die unbeschwerten Tage sinnenfroher
Zweisamkeit.


Manchmal in der Nacht, wenn kalter
Regen plätschert vom Dach,

Zermartern Sorgen mein Hirn, halten
mich wach.

Dann könnt' ich still verzagen

Oder laut jammern und klagen.


Zeit, was machst du nur mit mir?

Welchen Kampf führ' ich mit dir?

Zeit, du machst mir Angst und machst
mich schwach.

Zeit, wie viele Jahre willst du mir noch
geben?

Auf wie viele Jahre darf ich noch hoffen
und leben?

In der neu erwachten Liebe liegt noch Kraft,

Da sie vertiefte Zweisamkeit schafft.


Siebzig ist eine schreckliche Zahl.

Siebzig gebiert Trauer und Qual.

Siebzig, sollt' ich sie feiern oder betrauern?

Wer will schon früh versauern?


Siebzig, sollt' ich eher dankbar sein

Und trinken den schweren Wein,

Den der heftige Wind im Glase kräuselt.


An diesem trüben Tag steh ich auf dem Deich, allein,

Starre auf die schaumigen Wogen.

Nicht lauer Zephir säuselt

Mir ins Ohr am grauen Nordseestrand.

Siebzig Jahre, Zeit, hast du mich belogen?

Siebzig, hast du mich ums Glück betrogen?

Rauer bläst der Wind mich an.


Siebzig, nein, du bist zu gierig!

Schau dir die andern an, es ist nicht schwierig!

Wer nicht nachdenkt, ist zufrieden,

Sei sein Los auch schäbig hienieden.

Nichts ficht ihn an.


Hat er nicht Recht?

Siebzig, was soll's, denk daran!

Mit dieser Haltung lebt es sich nicht schlecht.

Du lebst und liebst, was willst du mehr?

# 3. Liebesgedichte

## Nur die Liebe zählt.

Du hast die Liebesglut in mir entfacht.

Drum denk an dich ich Tag und Nacht.

Kann's kaum erwarten, dich zu sehen.

Die Zeit scheint still zu stehen.


Letzte Nacht

Bin ich schweißtriefend aufgewacht.

Die Sonne der Liebe hat mir nicht mehr
gelacht.

Ein grausames Schicksal hat dich mir
genommen.

Mein Herz schlug heftig, fühlte mich
beklommen.

Wirst du nie wieder zu mir kommen?


Werd' ich dich niemals wieder küssen?

Muss ich für immer dich vermissen?

Böser Trennungsschmerz

Quält mein Herz.


Nie wieder werd' ich dein helles Lachen hören.

An deinem warmen Busen mich betören.

Vorbei die kurze Zeit der Liebe.

Wir hatten viele Träume.

Sie waren schließlich Schäume.


Schicksalsschläge kamen wie Diebe

In dunkler Nacht.

Haben mich um meinen Schatz gebracht.


Habe alles verloren.

Wär' ich doch nie geboren!

Schön war des eitlen Wahns Zeit.

Im Geäst singt jetzt die Nachtigall mein
Leid.

Es ist vorbei für immer.

Denk ich daran, wird es noch schlim-
mer.

Niemand steht mir bei.

Mein Schmerz ist allen einerlei.

Soll endlich ich verstehen, es ist vorbei.


Niemals werd' ich ihre Liebe vergessen,

In Freud und Leid Höhen und Tiefen
durchmessen.


Doch endlich kommt die Wende

Der Alptraum ist zu Ende.

Ich fühle deine warme Hand,

Führt in der Liebe Land

Mich zurück.

Erneut keimt auf mein Liebesglück.

Jetzt will ich nur noch für die Liebe le-
ben.

Sie allein verdient mein Streben.

Kann es etwas Schöneres geben

Als ein erfülltes Liebesleben?

# What really matters

What are we living for?

What are we fighting for?

What is the meaning of life?

Is there any sense in this perpetual strife?

We long for fame, power and money.

Wouldn't it be better to taste love's honey?

Feel it in a sweet kiss.

Never miss that moment of pure bliss.


Fame, power and riches may be lost as time goes by.

Only love resists the gnawing teeth of time.

Only love remains. Love's egotism is no crime.

So, do not cry,

Never shed a tear on materiel things.

Spread your wings

And fly like a dove

Soaring higher and higher above

Glide softly into the heaven of love.

# Liebesschmerz

Träumend getaumelt im Sonnenlicht

Und der Blätter Dampf umfängt

Noch regennass die braune Erde.

Noch tropft es von Baum und Strauch.


Noch kann ich's nicht fassen.

Warum hast du mich verlassen?

Warum hast du mich belogen

Und schließlich frech betrogen?


War denn alles nur Spiel, nur Zeitvertreib?

Berührt dich überhaupt mein Herzeleid?

Ist es endgültig vorbei?

War dir alles einerlei?

Wann gibst du mir Bescheid?

Bis dahin

Will ich harren und träumen

Und keine süße Stunde versäumen,

Im Spiel des frischen Windes immer noch mit dir vereint.

Wolken jagen dahin, der Himmel weint,

Bis die Sonne sie herrlich durchbricht,

Mir zu spenden: Hoffnung und Licht.

# Worin liegt der Sinn des Lebens?

Worin liegt der Sinn zu leben?

Könnt mir jemand Antwort geben,

Muslim, Hindu oder Christ,

Philosoph, auch Atheist?

Eine Antwort, die meine Zweifel besiegt.

Keine Antwort, die den Verstand verbiegt,

Schwachköpfig mich erniedrigt

Und schlechthin nicht befriedigt.


Die Liebe zeugt das Leben.

Wir nehmen und wir geben.

Wir fragen und wir klagen.

Doch wir hoffen und verjagen

Den Anflug der Sinnlosigkeit.

Verstehen, Freude und Zärtlichkeit:

das Trio gelebter Zweisamkeit.

Nur hier finden wir Sinnhaftigkeit.

Sonne, Mond und Sterne

Leuchten aus der Ferne.


Niemals könnt' ich leben,

Durch den Äther schweben

Ohne dich. Wonach muss ich streben?

Sinnlos, ohne dich zu leben.

Sinnlos, ohne dich zu kleben

An diesem kurzen, eitlen Leben.


Nur wenn meine Seele bebt,

Heiß und innig in dir lebt,

Nach höchster Erfüllung strebt,

Fühle ich des Lebens Wonne.

Dazu braucht es keine Sonne.


Selbst an dunklen Regentagen

Kann ich ehrlich zu dir sagen:

Du allein gibst meinem Leben Sinn.

Ohne dich gibt's kein Gewinn.

Nur du kannst mir die Liebe geben,

immer will ich nach ihr streben,

Liebe, die mein Herz erwärmt,

Wenn es von dir schwärmt.

# 4. Besondere Anlässe

# The Phoenix of Love

*Our wedding vow shall be like*

*an eternal flame.*

*Brilliant and blazing up*

*from the embers,*

*precious and costly like a diamond.*

*Similar to the sun, shedding light*

*and warmth on life and love forever –*

*Indestructible, hot and untouchable –*

*A fortress mighty,*

*never to be conquered,*

*A bastion powerful,*

*never to be forsaken.*

*Our true love shall never be shattered*

*though it be burnt to ashes.*

*Like a phoenix we burn and rise again.*

*More beautiful we shall be.*

*We will enjoy the heavens of*

*everlasting bliss.*

# Warum?

Du suchst nach Trost in finstrer Nacht.

Das Bett neben dir ist leer.

Aus bösen Träumen bist du aufge-
wacht.

Das Atmen fällt dir schwer.

Du fragst nach dem **Warum.**


Düstre Gedanken wieder jagen

Durch deinen Kopf und plagen

Dich ohne Unterlass.

Erneuern den brennenden Schmerz.

So macht das Leben keinen Spaß.

Der Verlust geht dir ans Herz.

Glaubst du an Trennung für immer?

Dann machst du es dir nur noch
schlimmer.

Du fragst nach dem **Warum**?

Draußen beginnen die Vögel zu singen.

Der neue Tag bricht an.

Doch er bleibt stumm.


Kannst du die Antwort erzwingen?

Kann man verlorene Liebe zurückgewinnen?

Du willst mit dem Schicksal ringen.

Vergebens!

Niemals lässt es sich zwingen.


Was ist des Menschen größtes Glück?


*Trost im Vergessen zu suchen,*

*Frei zu machen den Sinn,*

*Erscheint mir der höchste Gewinn.*

# Zur Leinenhochzeit

35 Jahre – sie zogen und sie flogen vorbei.

Trifft es dich, oder ist es dir einerlei?

Kein brüchiges Versprechen war's, kein eitler Wahn,

35 Jahre in treuer Liebe dir zugetan.


Zeit, launische und neidische Macht!

Wir lieben das Licht und hassen die Nacht!

Noch mal 35 Jahre fordern wir von dir.

Versprich uns jetzt und hier.

Oder sparst du mit deinen Gaben?

Erneuern wollen wir das heilige Versprechen!

Nicht wanken, nie verzagen und es nimmer brechen!

Schenkst du uns noch einmal 35 Jahr',

In denen wir weiterwachsen und uns laben

An den Früchten der Liebe und der Treue, fürwahr?

Zeit, Gönner und Räuber, sollen wir die Hoffnung begraben?


Willst du uns nur narren? Sind wir deine Narren,

Die du am Gängelband deiner Launen hältst,

Uns wie Marionetten vorführst in einer Welt,

Die kein Erbarmen kennt?

Worauf sollen wir noch harren?


Schenke noch 35 Jahre, dann danken wir,

Nur dir, nur dir, nur dir!

# 5. Stimmungsgedichte

# Rückfahrt im Sturm

Hurtig fahren wir auf der Autobahn.

Trotz starkem Sturm und Regen

Kann uns nichts bewegen,

Noch länger zu bleiben

Und hier die Zeit zu vertreiben.

Ist das nicht ein eitler Wahn?

Was spornt uns denn so entschieden
an?


Die Bäume und Büsche zittern

Im Wind. Staub türmt sich auf.

Sollte man vorsichtig sein, Gefahren
wittern?

Laub und Zweige wirbeln durch die
Luft zu Hauf.

Doch wir pfeifen mutig drauf.

Wenn wir fahr'n auf der Autobahn,

Kann uns nichts stoppen,

Lassen uns nicht durch Wind und Wetter foppen.

Geben uns ganz hin, dem wilden Wahn

Der Schnelligkeit auch im Sturmgebraus.

Der Gedanke gibt uns Kraft – wir fahren jetzt nach Haus.


Endlich haben wir's geschafft,

Sehen die heimischen Wiesen und Fluren.

Vorfreude auf das bequeme Bett

Macht die Anstrengungen der Fahrt immer wett.

So fühlt man sich eben nach langen Touren.

# Frohe Ostern

Schon wieder speit er aus galligem
Mund ätzende Toxen.

Sie führen in meinem Geist zu ekligen
Noxen.

Wir sollten uns nicht mit Politik befas-
sen,

Sondern endlich diese Themen lassen,

Die uns nur Ungemach bescheren.


Schon wieder muss ich mich dagegen
wehren.

Lass mich nicht von Melancholie ver-
zehren.

Will er mich immer nur mit Negativem
beschweren?

Alles besudeln und alles entehren?

An Osterfeiertagen will ich nur Freude

Genauso wie die anderen Leute.

Warum soll ich mich mit Sorgen pla-
gen?

Dunkle Gedanken will ich verjagen,

Und sei es noch so naiv,

Und läge ich noch so schief!

Jetzt will ich meine Ruhe haben

Und mich an schönen Dingen laben.

## Mein fester Wille

Wenn es hell ist am Morgen,

Freu ich mich

Wie ein kleines Kind auf dich.

Vertreibe dunkle Gedanken und Kummer,

Noch les' ich in deinen Augen den Schlummer.


Duftender Kaffee, möchtest du das Ei so oder so?

Ich frage gern, denn ich bin froh.

Zusammensein ist eine Lust!

Wir kämpfen gemeinsam gegen des Lebens Frust.


Doch dann, verflixt und zugenäht,

Was da wohl wieder in der Zeitung steht!

Wir wollen unsern Blick weiten,

Durchblättern aufgeregt die Seiten,

Der Welt Jammer und Verdruss, wahr-
haftig kein Genuss,

Man prophezeit uns böse Zeiten.

Schon wieder streiten wir verbal

Über Gott und die Welt – sinnlose
Qual!

Mein fester Wille: Morgen wird ge-
schwiegen.

Besser, liebevoll sich in den Armen lie-
gen!

# Tears, no solution

When I was young,

Seldom did tears run down my cheeks.

Life seemed endless fun.

My kingdom untimely won.


Dreaming dreams of romance and adventure

Who else but me could sensibly censure.

The radiant, glorious rays of the sun

Would ever come to an end so soon

Or the sweet light of the tempting moon.


All these years passed so soon.

They did not make me feel strong.

Now I do honestly and modestly long

For some peace of heart

Sole remedy for a heart torn apart.

Could I not foresee the destructive darkness of that decisive night?

It slowly spread on the moon-blanched site?


Why have I ever been so naïve?

Foolishly thought I could be brave

Keep the spoils in my hands forever.

Vainglorious was my mind.

Now I only find

Worthless pebbles on the beach.

Tears rolling down my cheek:

Am I still tough or rather meek?

Is there any meaning in my kingdom lost?

# A fortress of bliss

Our house is like a fortress of bliss to me.

Storms rage, rain falls.

For more than thirty years we´ve trusted in its walls.


In wintry ice and snow, in glowing heat and mild sunshine,

No doubt, they ever stand out fine,

A safe haven, a strong retreat,

Yes, indeed.

It does not cheat.


Within its walls we raised a pretty girl and a smart boy.

We would not miss them, they gave us joy.

Was it not a time of endless bliss?

Yes, indeed.

Those years gone by did not cheat,

Yes, this precious time of our life we will surely miss.

But now our grandchildren do give us bliss.


Yes, it's true, time may fly

But this does not make us cry.

Yes, it's true. We've grown old

But still the story of our lives has not been told.

No, not yet, we're bold enough,

To feel alive, strong and tough,

To enjoy many a coming year

Within our fortress of love

Time to enjoy granted from above.

# Wie ein Vogel auf dem Ast

Auf deinen Nacken scheint die wärmende Morgensonne.

Ein wohliges Gefühl durchströmt den Körper, süße Wonne!

Ja, das ist ein schöner Morgen,

Verführerisch, lieblich, traumhaft, ohne Sorgen.


Gerne würdest du jeden Tag so beginnen.

Gar jedem Augenblick Lebensfreude abgewinnen.

Sehnst dich nach Harmonie,

Schenkt sie dem Leben doch Energie.

Du brauchst sie wie noch nie!

Betörender Blumen- und Blütenduft
getragen vom lauen Wind.

Könnt' ich doch noch mal sein wie ein
Kind!

Abschütteln der vielen Jahre Last,

Singen und springen wie vor mir der
bunte Vogel auf dem Ast.

Er liebt das Leben.

Braucht und kann nicht streben

Nach Ruhm und Geld.

Gewinnt er nicht die Welt?

Den Augenblick genießt er in vollen Zügen,

Lässt sich durch nichts und niemanden belügen.


Auf ihn ergießt sich der Segen der Zeit:

Sonne, Freude und Heiterkeit.

Tun wir's ihm gleich.

Dieser göttliche Morgen beschenkt uns alle reich.

## Alter Mann, was macht Dich frei?

Alter Mann, was nun?

Was kannst du noch tun?

Alter Mann, was macht dich frei?

Was quält dich, was ist dir einerlei?

Womit ist schon lange Schluss?

Was bereitet dir Verdruss?

Fragen über Fragen.

Alles kannst du wagen.


Was bist du mit siebzig Jahren?

Welche Ziele kannst du dir bewahren?

Solltest du nach Erkenntnis streben?

Sie ist wichtiger als pures Gold im Leben.

Sie erhebt dich. Du kannst sie weitergeben.

Das Alter sucht nach letzter Wahrheit.

Dafür scheust du keine Schwierigkeit.

Verstellung und Betrug

Sind doch niemals klug.

Woher, wohin, warum?

Sind diese Fragen dumm?


Darf man darüber grübeln?

Wer will dir verübeln,

Kein Blatt mehr vor den Mund zu neh-
men?

Solltest dich nicht grämen,

Selbst härteste Kritik ertragen.

Im Alter kannst du alles wagen.

Genau das macht dich frei

# Das Vorbild der munteren Fliege

Mit süßen Gedanken sollst du die Wunden verschließen.

Lass dir nicht die schönen Stunden verdrießen.

Noch kannst du die Zeit in Stille genießen.


Von den ersten Sonnenstrahlen erwärmt,

Eine muntere Fliege vor dir schwärmt.

Sie ist so voller Lebenslust.

Sie kennt in ihrem Fliegendasein keinen Frust.


Nimm dir an ihr ein Beispiel.

Denn wahrhaftig kostet es nicht viel,

Freudig oder doch gelassen durchs Leben zu gehen.

Was nützt dir die Melancholie?

Sie erzeugt doch nur seelische Kakophonie.

Wenn es in dir wieder brodelt und kocht,

In deiner Brust ein wütendes Herz pocht,

Mit Hammerschlägen deine Gesundheit zertrümmert,

Denk daran, wen das wohl kümmert!

Schau dir die Fliege an. Sie genießt den milden Sonnentag,

Kennt keinen Ärger, keine Plag'.

So lebt sie glücklich in den sonnigen Tag.

# Gedanken zum 1. Januar

Schon wieder ist ein Tag vorbei.

Es ist der erste im neuen Jahr.

Was soll's? Es ist mir einerlei.

Die Zeit, sie flüchtet, es ist wahr.


Für mich hat sie weder Anfang noch Ende.

Niemals durchbrechen wir die Wände

Der letzten Erkenntnis.

Nach all dem Grübeln ist mir dies gewiss.


Auch des gelehrten Astronomen Wort überzeugt mich nicht.

Woher soll seine Weisheit kommen?

Woher hat er sie denn genommen?

Auch er ist nur ein armer Wicht.

Vor dem Allmächtigen ist er ein schäbiger Wurm.

Gefangen in seinem vorwitzigen Elfenbeinturm.

Soll er sich doch nur selbst überzeugen.

Vor seiner Weisheit werd' ich mich niemals verbeugen.


Menschliche Erkenntnis verändert sich mit der Zeit.

Hinter uns gähnt die Dunkelheit.

Vor uns dehnt sich die Ewigkeit.

Tag für Tag vergeht.

Der Zeiger der Uhr sich unerbittlich dreht.


Wir halten ihn nicht an.

Könnten wir's, was dann?

# Wir trotzen der Zeit.

Noch droht kein Mangel an Zeit.

Noch ist der Horizont recht weit.

Dennoch ist's dir nicht einerlei.

Schon wieder ist ein Jahr vorbei.


Doch du erkennst, nichts lässt sich zwingen.

Vergeblich ist's, mit dem Schicksal zu ringen.

Lass es geschehen.

Du wirst schon sehen,

Dass die Zeit

Sich schließlich doch zum Guten neigt,


Für den, der an das Schöne glaubt,

Sich nicht die Lebensfreude raubt.

Familie ist dir wichtig.

Diese Einstellung ist goldrichtig.

Doch leider wird zum Schluss alles
nichtig.

Alles, was wir erstreben,

Wird zu Asche in diesem Leben.

Kein Stein bleibt auf dem andern,

Wenn wir durchs Leben wandern.


Doch wenn wir es wollen,

Treiben wir die Zeit vor uns her.

Auch das fällt uns nicht schwer.

Lasst uns schöpfen aus dem Vollen.

Nicht ängstliche Kleingeister wollen
wir sein,

Sondern sollen trinken vom süßen
Wein,

Der uns die Zeit vergessen macht

Und jeden Schmerz bei Tag und
Nacht.


Befreien wir uns von allen Sorgen,

Lieber heute noch als morgen,

Auch aus des Tyrannen Händen,

So können wir unser Schicksal wen-
den,

indem wir weder weinen noch verza-
gen,

Sondern die Zeit, den mächtigen Göt-
zen, jagen.


Die Jahre kommen, die Jahre gehen,

Auf festem Felsen wollen wir stehen.

Wir greifen der Zeit mutig in den Ra-
chen

Und drücken so diesem Drachen

Unseren Stempel auf.

Wenn wir trotzen der Macht der Zeit,

Wird uns das Herz so weit,

Von nun an bis in alle Ewigkeit,


Leben wir in der Gewissheit:

Wir sind die Herren der Zeit.

# Rente, ambivalent

Die meisten freuen sich auf die Rente,

Von ihr erwarten sie die große Wende.

Heraus aus oft monotonem Arbeitsleben

Voller Ungeduld und Lust sie streben.

Doch, aufgepasst, nicht alles ist nur Müh' und Last,

Was wir mit den Jahren der Berufsarbeit verbinden.

Wehe, wenn sich nicht neue Betätigungen finden!

Nur Langeweile und Müßiggang kann die Seele nicht verwinden,

Freude und Lebenslust können bald verschwinden.

Schnell befinden wir uns, träg geworden, im Seelenknast.

# 6. Nordsee

## Gefühle am November Nordseestrand

Wenn Grau in Grau verschmilzt,

Wenn kalter Wind dein Haar zerzaust,

Wenn eisige Wellen gegen den Deich schlagen,

Zerdrückt es dein Herz.

Du spürst den frostigen Schmerz.

Mit deinem inneren Auge willst du wagen,

Die trüben Stunden zu verjagen,

Wenn du mächtig die Erinnerung aufbaust,

Du weißt, jetzt gilt's

Dem quälenden Grau helle Tage entgegenzusetzen.

Lass schwarze Gedanken nicht deine Seele verletzen!

Im dumpfen Wellenschlag dräut die See.

Woge auf Woge rollt heran,

Als wollten dich die wütenden Wasser verschlingen.

Die Elemente schlagen dich in ihren Bann.

Doch du bist stark, lässt dich nicht beugen durch ein Weh!

Nicht schrecken kann sie dich, denn du liebst die See.

Scheinen nicht Wind und Wasser dir ein ewig' Lied zu singen?

Veränderung liegt in der Luft.

Die Gischt trägt eisig-salzigen Duft

Aus der Ferne und Tiefe des Meeres
hervor.

Sturmwind brüllt dröhnend in dein
Ohr.

Jedoch versöhnlich blickst du auf
diese grauen Wogen,

Nie hat dich das Gefühl betrogen.

Jetzt ist dir alles einerlei.

Die dunklen Gedanken ziehen vorbei.

# Ein verregneter Tag im Groden

Sturm und Regen –

Kann mich nur noch im Zimmer bewegen.

Regen und Sturm –

Ich bin doch nur ein kleiner Wurm.

Gebiete nicht über Sonne und Licht,

Muss mich mit Nässe und Kälte begnügen.

Schimpfe und fluche – wo bleibt mein Vergnügen?

Doch ich will nicht in geschlossenen Räumen verzagen,

Sondern mich mutig hinunterwagen.

Zum Watt, zum aufbrausenden Meer,

Das lieb ich sehr.

Auch an kalten, stürmischen Tagen

Fällt es mir nicht schwer.

Hör' eine innere Stimme sagen:

Hier komm zu ihr, der Natur.

An ihrem Busen kannst du gesunden,

Glaub mir, von all den Wunden,

Die dir das cyber-digitale Leben
schlug.

Ist es denn nicht Trug und Trick,

Zu meinen, man lebe von einem Klick

Zum nächsten,

Wenn draußen das wahre Leben lockt?


Denn auch bei Sturm und Regen

Ist die herbe Natur in ihrer Schönheit
ein Segen.

## Stürmisches, geliebtes Watt

Erdig schlägt die Welle gegen den Strand.

Eiskalt peitscht der Wind mir ins Gesicht.

Mein Blick schweift hinaus auf die Gischt.

Undurchdringlich baut sich auf der Wogen Wand.

Dunkle Wolken drohen am Firmament.

Soll ich's wagen, noch ans Meer zu gehen?

Heftiger und stärker die Winde wehen.

Mit aller Macht stell' ich mich gegen das brausende Element.

Zum Strand hin zieht es jeden, der es kennt.

Eiskalt rollt das schlickige Wasser heran.

Bin ich von Sinnen?

Schneller breitet es sich aus.

Noch hab' ich Zeit, noch kann ich flüchten ins Haus.

Ist es nicht warm und angenehm drinnen?

Heraus aus dem grauen Watt!

Ich habe das Quietschen und Gurgeln der eisigen Fluten satt.

Und trotzdem komm ich morgen wieder.

Denn in mir höre ich geheimnisvolle Lieder

Von Sturm und Meer

Und noch viel mehr.

Soll ich's gestehen? Ich mag es sehr.

## Segeltörn im Watt

Heiß brennt die Sonne vom Himmel.

Ein kleines Wölkchen verharrt meer-
wärts wie ein Schimmel.

Wir fahren ins Watt.

Die See ist ruhig und glatt.

Verführerisch lädt sie uns ein,

Zu segeln nach Wangerooge, ins Meer
hinein.

Die Flut baut sich mächtig auf,

Verhindert schnellen Lauf.

Wangerooge muss warten.

So sind nun mal die Fahrten,

Wenn der Wind kaum weht,

Das Segel träge steht.


Ein munterer Seehund schwimmt herbei.

Will er wissen, wer da wohl schifft vorbei?

Meine Augen folgen ihm, der Alltag ist mir jetzt einerlei.


Die Luft flimmert, es ist heiß.

Schon dämmere ich vor mich hin.

Allerlei Gedanken kommen mir in den Sinn.


Von unserer Stirn rinnt der Schweiß.

Gemächlich treiben wir dahin.

Die Seehundsbank glitzert in der Sonne.

Die Tiere räkeln sich vor Wonne.

Salzige Luft, erfrischendes Wasser und warmes Licht,

An solchen Tagen lebst du leicht wie ein Kind.

Deine Seele schwingt im lauen Wind.

Hörst du nicht wie die Natur zu dir spricht?

Sie allein bestimmt dein Leben.

Löse dich von Eitelkeit und törichtem Streben.

Um Ruhm und Geld

Dreht sich angeblich die Welt.

Es zählt nicht,

Wenn der letzte Tag anbricht.

Der sichere Hafen ist erreicht.

Wangerooge, wir sind da.

Warst uns fern und doch so nah!

## Sieg über den grauen Winter

Vom Watt schiebt sich dichter Nebel her.

Eisige Nässe kriecht in jede Spalte, jeden Ritz.

Mit düsteren Wolken kämpft die müde Sonne schwer.

Kalte Tropfen fallen aus kahlem Geäst, schwarzer Vögel Sitz.

Die öden Felder liegen still und schweigen.

Noch herrscht der Winter mit knochig harter Hand.

Doch im Gebüsch schon tanzen Spatzen ihren munteren Reigen.

Veränderung kündet der feuchten Äcker Duft.

Langsam streift an mir vorbei des Nebels nasse Wand.

Nicht mehr lange, schon milder wird die Luft.

Frühling zieht ein in mein Herz.

Vertreibt des Winters stechenden Schmerz.

Meine Seele schwingt empor zur wärmenden Sonne.

Sehnsucht nach dem Gezwitscher der Vögel, der Blumen Wonne.


Vorbei sind jetzt die Zeiten eisiger Plage,

Weil ich an schöne Bilder zu denken wage.

Mit meiner Gedanken Kraft

besiege ich des grauen Winters Macht.

144

# 7. Pandemie

# Coronamelancholie

Schau in den sonnenverwöhnten Garten!

In diesem Jahr gibt's keine Fahrten.

Werden begierig auf die Wende warten.

Voll Sehnsucht meine feuchten Augen blicken

Auf Scharen munterer Vögel, die die Körnchen picken.

Sie wissen nicht um das Wohl und Wehe,

Ja, wie gern ich sie doch sehe!

Munter hüpfen sie über Stock und Stein

Wäre ich wie sie, könnt' ich doch wie sie sein!

An jedem sonnendurchfluteten Morgen

Erleichtern sie meine Ängste, meine Sorgen.


Ach, wie schön könnt doch das Leben sein

Ohne Krise, ohne Pein!

Corona frisst sich erstickend in die Lunge hinein.

Können wir hoffen, können wir genesen?

Hoffnung liegt im menschlichen Wesen.


Das sonnenverwöhnte Gärtchen im Morgenlicht

Kann nicht lügen,

Kann nicht betrügen.

Wann kommen die Wellen des Todes ans Ende?

Wann kommt die ersehnte Wende?

Angst drückt quälend auf die Brust.

Vorbei, vergangen, erstorben des Lebens Lust.

Wir warten

Im sonnendurchwärmten Garten.

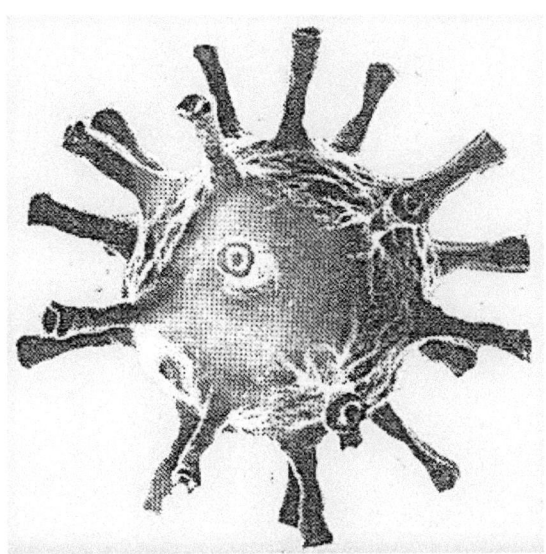

# Zornige Zweifel

In der Ferne hörst du's grollen.

Lass den Donner mächtig rollen!

Vor der Laube sitzt du,

Sehnst dich nach der Seele Ruh.

Schaust auf die grüne Wand.

Munterer die Vögel singen,

Wird das Gewitter endlich Regen bringen?

Frischere Winde wehen durch das ausgedörrte Land.


Jäh fährt ein greller Blitz durch die dunkle Wolke.

Drohend hat sie sich aufgebaut.

Zweige und Blätter rascheln laut.

Du wünschst, dass bald Regen folge.

Erfreust dich an der Farben Pracht.

Näher schon der Donner kracht.

Blumen überall, lieblicher Duft führt
weg

Von der Corona-Krise lähmendem
Schreck.


Doch schon kehren böse Gedanken zu-
rück.

Vergessen ist das kleine Lebensglück.

Noch sind wir leider mittendrin in der
Corona-Krise.

Da tröstet auch keine bunte Wiese.


Vergeblich suche ich nach dem Sinn
der Strategie,

Wie man hierzulande bekämpft die
Pandemie.

Noch gibt es keine Therapie.

Wir sind hilflos wie noch nie!

Mein Herz tut weh,

Wenn ich die vielen Särge vor meinen Augen seh'.


Gieriger Menschen falsche Gedanken

Bringen jeden Fortschritt schnell ins Wanken.

Sie lechzen immer nur nach Geld,

Als ob es das Wichtigste wär' auf dieser Welt.

Ist denn alles nur auf schnöden Mammon abgestellt?


Sie können glänzend lügen,

Töricht sich und andere betrügen.

Ihr Lohn wird grässlich sein.

Vor mir steht verführerisch der süße Wein.

Soll ich das Glas ergreifen und es leeren?

Nicht weiter meinen Geist beschweren?

Schwach bin ich, kann mich nicht wehren.

Was soll ich noch begehren?

Wen will ich noch bekehren?

Die Atemnot kann nur Morphin verklären.

# Bescheidenheit statt Herzeleid

Ist es nicht besser Optimismus zu wagen,

Als am Pessimismus zu verzagen?

<**Nichts wirst du ändern**>, werden stur sie sagen,

Und hörst du nicht auf sie, werden sie dich jagen.

Wird sie ein Zweifel plagen?

Nein, was liegt ihnen schon an deinen Klagen?


Was bildest du dir ein?

Hältst dich für klug und fein.

Jammerst über die Dummheit der Welt,

Weil sie dir immer weniger gefällt.

Ist das der Grund?

Ist daher deine Seele wund?

Niemand will deine Tränen sehen.

Zu welchem Götzen willst du flehen?

Niemand will deine Weisheiten hören.

Wen also willst du denn beschwören?

Nach Götzendämmerung steht dein Sinn.

Nur Götzendämmerung bringt Gewinn.


Wer kann die richtige Antwort geben?

Willst du stets nach mehr Erkenntnis streben?

Nur ein faustisch' Streben leben?

Dann tu's für dich allein.

Sonst wird's zur Pein,

Wie durch Dornen oder über heiße Asche gehen.

Sie wollen dich weder hören noch sehen.


Wem soll dein Durchblick Nutzen bringen?

Wer soll dein Loblied singen?

Wen willst du belehren?

Wen willst du bekehren?

Geh mit gutem Beispiel voran!

Fang bei dir selber an!

Und sei kein Tor:

Zieh' die Freude der Klage vor.

## Widerstand

Wie willst du dir die Zeit vertreiben?

Spazieren gehen, lesen oder zu Hause bleiben?

Du könntest Gedichte oder Romane schreiben.


In voller, weißer Blüte stehen Bäume und Hecken.

So will die Natur die Lust am Leben wecken.

Doch du denkst nur an die Gefahr.

Ja, sie ist nicht eingebildet, sondern wahr.


Corona lauert überall.

Kannst den Virus nicht hören und nicht sehen.

Tausende bringt er heimtückisch zu Fall.

Sollst du nur hilflos an ihren Särgen stehen?

Wirst du ihm entrinnen?

Oder doch nur Zeit gewinnen?


Corona ist ein lauernder Dämon.

Unsre Angst, sein schmutziger Lohn.

Sein höllisches Begehren, schwere Krankheit oder Tod zu bringen.

Aber alle kann er nicht niederzwingen.


Doch vor niemandem macht er Halt.

Habt Ihr Angst vor seiner listigen Gewalt?

Vor Pandemie und Tod?

Vor Schwäche, Schmerzen und Atemnot?

Doch lassen wir uns nicht zerbrechen!

Wir wollen von Mut und Frohsinn spre-
chen!

Wir lassen uns nicht unterkriegen!

Wir werden ihn besiegen.

Am Ende steht **sein** Tod.

## Sehnsucht nach dem Tag der Wende

Ein trüber Tag im Dezember geht zu Ende.

Auf feuchten, fauligen Blättern tanzt eine Meise.

Woher soll ich nehmen im fahlen Licht die Wende?


Es rast die Pandemie.

Sie fordert Opfer wie noch nie.

Mein Schritt geht leise

Durch das nasse Gras.

Wie schnell ich doch des Sommers schöne Zeit vergaß!

Woher soll ich jetzt die Freude der warmen Tage nehmen?

Soll ich mir denn Stunde um Stunde vergrämen?

Die Nebelschwaden drücken auf mein Gemüt so sehr.

In dunklen Tagen wird zu leben mir so schwer.

Doch auch sie werden vergehen,

Wenn des Märzens laue Lüfte wehen

Und wir wieder schöneren Stunden entgegensehen.


Vielleicht ist dann die Pandemie vorbei,

Wenn unsere Lieder wieder heller klingen,

Wenn wir die Geisel der Angst endlich bezwingen,

Corona wird uns nicht niederzwingen.

Corona ist uns dann einerlei.

# Wider die falschen Ismen!

Hinterhältig streckst du aus deine aschfahle, faulige Hand.

Suchst begierig neue Opfer, verhasster Dämon,

Hervorgekrochen aus falschem Ismus.

Kamst du zu uns aus fernem Land.

Wächst prächtig wie gefährlicher Mohn.


Diener der Lüge schaffen immer neuen Vorwand.

Zerstörst blühendes Leben.

Stillst deinen Durst an unseren Tränen,

Weil wir in trügerischer Sicherheit uns wähnen.

Immer noch nach Geselligkeit streben.

Seit Monaten schaffst du uns täglich schlimmen Verdruss.

Willst dich sadistisch weiden

An unseren nicht endenden Leiden.

Ach, wie ich all das hassen muss!


Politikergeschwätz dröhnt in meinen Ohren.

Man schwadroniert von solidarisch und fair.

Ohne Impfung wären wir verloren.

Es fällt uns wahrhaftig schwer,

Dem schleimig-erfinderischen Wortschwall zu widerstehen.

Keinen Sinn macht es, an den Altären der alten Götter zu flehen.

Nur wenn wir endlich verstehen,

Wie manche die Wahrheit verdrehen,

Werden wir den Tag der geistigen Befreiung sehen.

# Winter der Pandemie

Hart gefroren ist die Erde.

Kälter weht der Wind.

Dass es doch Frühling werde!

In grüner Flur ich wieder Freude find.


Kahl starrt mir der Baum entgegen.

Noch halten die trocknen Zweige manch totes Blatt.

Eisig fällt aus grauen Wolken nieselnder Regen.

Wie habe ich diese Tage satt!


Doch irgendwann ist der Winter vergangen.

Länger und heller werden die kommenden Tage.

Vergiss der kalten Monate Plage!

Vorbei ist der vereisten Seele Bangen.

Noch gilt es nicht für die Pandemie.

Noch verängstigt, herrscht und tötet sie.

Wie gerne würden wir sie überwinden,

Um endlich wieder zueinander zu finden!


Verhindert hat's bisher der Politiker Versagen.

Man sollte sie endlich zum Teufel jagen.

Sie sind verantwortlich für all die Schmerzen,

Die noch bedrücken unsere Herzen.

# 8. Klagelieder

## Warum?

Schwer lastet der Morgennebel auf dem Wald.

Die Luft ist feucht. Kein Windhauch weht.

Du stehst am Fenster. Fröstelst, es ist kalt.

Früher Morgen und doch ereilen dich die Sorgen.

Dunkle Gedanken steigen in dir auf.
Der Nebel steht.

Oh, könntest du die Sonnenstrahlen
der letzten Sommertage borgen!

Du gehst die Treppe hinunter. Tag aus,
Tag ein.

Holst die Zeitung, schaust hinein.

Ein Kaffee, ein Toast und obendrein ein
Ei.

Schnell ist das morgendliche Mahl vorbei.

Du bist allein, hast Zeit, denkst nach.

Vergeblich zerbrichst du dir den Kopf.

Bohrende Fragen, warum muss es so
sein, immer Ungemach.

Kannst du die Welt retten?

Du bist doch nur ein winziger Tropf.

Kannst du die Menschheit befreien von
ihren Ketten?

Du solltest mit siebzig Jahren endlich die Realitäten begreifen

Und nicht vergeblich nach den fernen Sternen greifen.


Langsam setzt Beruhigung ein.

Du bist frei.

Noch nie warst du so frei.

Ist das nicht schön? Ist das nicht fein?


Weg mit dir, verzehrende Melancholie!

Es ist richtig. So frei war ich noch nie.

Es wird mir wohlig im Gemüt, ums Herz.

Weit weg sind jetzt Ängste und Schmerz.

Ich öffne die Tür, trete auf die Terrasse hinaus.

Was ich dort sehe, erfüllt mich mit Graus.

Vor mir liegt ein kleiner, bunter Vogel.

Er ist tot und erstarrt.

## Wider den Katarrh

Katarrh, dich zu hassen, fällt mir nicht schwer,

denn an dir leide ich seit Tagen sehr.

Du böser Geist der Qual

Hast dich heimlich bei mir eingestellt.

Nie hatte ich die Wahl,

Lange schon vergrämst du mir die Welt.

Die Kehle brennt, ich huste, ich nieße.

Die Augen ständig tränen, dass ich sie schließe.

Stunde um Stunde quälend vergeht,

Jeder Gedanke sich nur noch um das Eine dreht:

Wann werde ich dich endlich besiegen

Und schließlich vor dir Ruhe kriegen?

Durch dich ich meine Lebensfreude
ganz und gar entbehr!

Deine Tyrannei macht mir das Leben
schwer.

Freust dich am gehässigen Spiel, Kummer und Tränen wahllos zu verteilen!

Auch die es jetzt noch nicht wissen,

Werden dann und wann von deinen
Höllenhunden gebissen.

Auch sie, die Prahlhänse, wird der
Schmerz ereilen.


Brüstest dich, zeigst deine Krone aus
Viren und Bazillen.

Geschöpfe der Unterwelt befolgen deinen Willen.

Doch deine Macht kommt irgendwann
ans Ende.

Schon spür ich die gnädige Wende.


Himmel, wirf herab die Lanze Georgs
oder Thors Beil!

Beide sollen schaffen mir das Heil.

Drachen, du sollst nicht länger mich erschrecken,

sondern meinen Hass und Kampfesmut wecken.

Ich verlustiere mich an den Gedanken:

Stoß ich dir die eiserne Spitze mitten ins Herz,

Oder soll ich dir die Knochen zerschlagen,

Dich in den Höllenschlund zurückjagen?

Ich werde jedenfalls nicht wanken.

Endlich bist du verwiesen in deine Schranken.

So verlässt mich der quälende Schmerz.


Macht mich und andere endlich frei.

Die Zeit der Krankheit, des Leidens ist hoffentlich vorbei.

# Das Heilungsversprechen

Du siehst nur schwarz und deine hei-
ßen Tränen fließen.

Du quälst dich schon am frühen Mor-
gen.

Der Tag ist grau, dein Herz bedrückt
von schweren Sorgen.

Deine dunklen Gedanken und Fanta-
sien schießen

Unkontrolliert ins Leere.

Dein Weinen nimmt kein Ende.


Quälerischer Melancholie?

Du forschst und horchst in dich hin-
ein,

Steigerst dadurch nur Verdruss und
Pein.

Antwort aber findest du nie

Auf Fragen nach dem Warum und Wie.

Doch in der Verzweiflung schlimmster Not

Kommt irgendwo her der rettende Gedanke.

Entspringt er doch aus festem Glauben.

Niemals stirbt die Hoffnung, niemals ist sie tot.

Niemals kann man dir alles rauben.

Du sinkst auf die Knie voll Zuversicht.

Du betest, bittest: Gib mir die Kraft, dass ich nicht wanke!

Auf geht das Licht!

Die Dunkelheit es endlich durchbricht.

# Klage in tiefer Nacht

Mitten in tiefer Nacht

Bin ich unruhig aufgewacht.

Schwere Gedanken mich plagen,

Quälen mich mit bitteren Fragen.

Fühle mich verlassen und allein.

Gar nicht stark, unendlich klein.


Am meisten leide ich an der Oberfläch-
lichkeit der Zeit.

Pechschwarze Nacht durchsticht mein
Herz,

Hinterlässt Traurigkeit und Schmerz,

Nimmt mir jede Heiterkeit.


Noch wenige Jahre, dann ist's vorbei.

Niemand ist dies einerlei.

Die Zeit eilt dahin. Sie will mir alles rauben.

Schon über siebzig! Was wird noch bleiben?

Womit die restlichen Jahre vertreiben?

Darf ich noch an Zukunft glauben?


Alter Mann, wen interessiert dein Schicksal?

Auch andere erleiden dieselbe Qual.

Du sorgst dich nicht allein.

Wär's so, dann wär's gemein.


Ängste schwellen auf und ab.

Schwere Gewichte ziehen mich hinab.

Sehne mich nach dem Morgen.

Wird er mich befreien von allen Sorgen,

Die die Nacht aufhäuft

Und mich in ihnen fast ersäuft,

Die wie schwere Brocken auf mich drü-
cken?

Was soll mich noch entzücken?


Was bleibt noch an Lebensgenuss?

Wann mach' ich mit mir Schluss?

Gib mir den goldenen Schuss.

## Es fehlt an Mut.

Wieder mal schwarze Gedanken!

Sie quälen dich, machen dich wanken.

Alles kommt ins Schwanken.


Warum willst du ewig leben?

Wonach willst du immerfort streben?

Kurz oder lang – ist es nicht einerlei

Für alle, wenn es ist vorbei.


Fühlst dich allein. Kannst es nicht lassen.

Fängst an alles und alle zu hassen.

Eine innere Stimme zu dir spricht.

Noch bist du zu feige.

Hör ihr zu und schweige!

Teilst du nicht, noch nicht, ihre Sicht?

Schwere Entscheidung braucht Zeit zu reifen.

Kein Verständiger aber soll dann kneifen.

Anders wirst du keine Freiheit erlangen,

Sondern wirst immer nur bangen,

Bis der letzte Tag anbricht.


Armer Tor, bist du nicht elend gefangen?

Mach dich frei!

Schnell ist es vorbei,

Wenn du kraftvoll die Ketten der Feigheit zerbrichst,

Geht es dann auf, das ewige Licht?

Oder wird dich ewige Dunkelheit umfangen,

An diesem Ort, an den du wolltest gelangen.

# Trost der Nacht

Nacht, du hüllst mich ein!

Zarter Schleier fällt auf die Erde nieder.

Steh' allein am Fenster wieder,

Schau in dich hinein.

Formen zerfließen mild im Dämmerlicht.

Verschleierst gnädig die ätzende Sicht

Auf trostlos quälende Tage.

Nur deine Schwärze besiegt die Seelenplage.


Nach dir sehn' ich mich.

Wie ein schützender Mantel umgibst du mich.

Dunkel bist du, süß wie junger Wein.

Ja, in bösen Tagen brauch' ich dich.

Du sollst mich trösten, an dich wende ich mich.

Dein mächtiger Mohn besiegt die Pein.


Sanft entführst du mich.

Ach, wie fühl' ich dich!

Ruhig trägst du mich.

Ach, wie brauch' ich dich!

Müde wird mein Sinn.

Verdrängst die brennenden Sorgen.

Verschiebst sie auf das ferne Morgen.

Lebensmut ich wieder gewinn'.


Noch funkeln die Sterne so herrlich.

Berausche mich an deiner Stille.

Darf ich dir wieder klagen mein Leben,

In deine Hände meine Trauer geben?

Glaub mir, es ist mein fester Wille:

Will mich befreien, nach innerer Ruhe
streben.

Noch blutet mein Herz,

Verzaget im Schmerz.


Meine Tränen fallen in das welke Laub.

Modrig riecht es im herbstlichen Hain.

Ist das Leben manchmal nicht gemein?

Doch auch der Schmerz vergeht.

Alles wird zu Staub,

Fällt auf das tote Laub.


Alles vergeht,

Wird vom Winde verweht.

Auch sterben werden Zeit und Raum,

Wenn sie berühren der Ewigkeit Saum.

Dunkler Nacht Trost begräbt Sorgen und Nöte.

Viel zu schnell zeigt sich des neuen Morgens Röte.

Verloren sind die Träume.

Zerstoben sind die Schäume.

Ein neuer Tag beginnt.


Ich werde mit ihm tapfer ringen.

Nein, er soll mich nicht bezwingen!

Bis du Nacht erneut anbrichst,

Mir stillen Trost versprichst.

## In dir allein liegt die Kraft

Das Schicksal hat dich hart angefasst.

Gar manche Jahre wurden zur schweren Last.

Du hattest Angst, dran zu zerbrechen,

Als du dich wehrtest gegen deine Schwächen.

Leider traten sie mächtig zu Tage.

Empfandst sie als schlimme Plage.


Noch nach den vielen Jahren spürst du den Seelenschmerz.

Er drückte übermächtig auf dein weinendes Herz

Und drohte, dich langsam zu ersticken.

Was sollte dich denn noch erquicken?

Dir fiel wahrhaftig nichts mehr ein.

Doch fandst du den Ausweg aus der Pein.


Niemals soll man verzagen,

Erst recht nicht in schwierigen Lebenslagen!


Diagnose und Therapie liegen allein in deinen Händen.

Du allein kannst die Dinge wenden.

In dir allein liegt die Kraft

Und schließlich auch allein die Macht,

Die Wechselfälle des Lebens zu ertragen.

Nur musst du frisch es wagen.


Auch für dich scheint wieder die Sonne.

Taucht ein die Seele in frohe Lebenslust.

Schenkt dir nach kalten Tagen warme Wonne,

Jagt zum Teufel Melancholie und Frust.

# Altersweisheit

Ja, es ist wahr – steh' schon im 71. Jahr.

Endlich wird mir in voller Härte klar:

Bin im Herbst des Lebens.

Doch der Jammer ist vergebens.


Wo ist sie geblieben die launische Zeit?

Aus fernen Tagen aufgetaucht, konturenscharfe Bilder der Vergangenheit.

Bilder der Zukunft, verschwommen im Dunst.

Gibst du mir die Gunst

Weiterer Jahre,

In denen ich noch Lebensfreude erfahre?

Ich glaube fest daran.

Noch ist nicht Schluss!

Alles im ständigen Fluss,

Nur immer munter voran.


Ich brauche niemanden, niemand braucht mich.

Am Ende brauchen sie immer nur sich

Allein im Taumel der Selbstsucht.

Auch sie werden stürzen mit voller Wucht,

Torkelnd auf schwankendem Grund,

Schließen sie mit goldenen Kälbern den Bund.

Nie hören sie den Schrei der Verzweiflung in schwärzester Nacht,

Wenn andere um den Verstand gebracht.

Was kümmert es sie?

Sie wanken trunken dahin in lustvoller Pracht.

# Angst in der Nacht

Wie lange?

Wird dir schon wieder bange?

Du möchtest es gerne wissen.

Wär's für dich ein Ruhekissen?

In der Dunkelheit der Nacht bist du allein.


Dir graut schon vor dem Morgen.

Er droht mit bösen Sorgen.

Bald wirst du es für immer sein.

Den letzten Weg geht jeder für sich allein.


Schon viele hätten es gerne gewusst.

Nicht nur in Freuden fällt das Scheiden schwer,

Sondern auch im Leiden und tiefstem Frust.

Vor dem letzten Gang fürchtet sich ein jeder sehr.


Keiner kennt seine letzte Stunde.

Gott sei's gedankt, es wär' die schlimmste Wunde,

Die man dem Menschen schlagen kann,

Beantwortete man ihm das Wann.


Lieber leben wie das Tier,

Das nur weiß vom Jetzt und Hier.

Der Mensch als sterblicher Gott,

Erfährt brutal der Natur gemeinsten Spott,

Den sie dann mit ihm treibt,

Wenn sie ihn irgendwann entleibt.

Warum hat sie ihm den Verstand gegeben?

Was hat er verbrochen?

Durch die Erbsünde kommt er gekrochen,

Wie ein Wurm, der durch tausend Qualen muss,

Staubige Erde fressen bis zum Schluss.

Wär's denn nicht besser, ohne ihn zu leben?


Der aufgeklärte Geist vom Glauben befreit,

Ist noch weniger zum Tode bereit.

Ihn tröstet nicht mehr die Ewigkeit.

Oh kluge Philosophen, Ihr habt die Hoffnung zerschlagen.

Wie konntet ihr es nur wagen,

Adam und Eva ein zweites Mal zu vertreiben aus dem Paradies?

Faulige Frucht der Erkenntnis, du schmeckst nicht süß.

Du lässt mich allein mit meiner Angst.

# Herbst des Lebens

Du schaust hinaus auf den mächtigen
Fluss.

Er wälzt die trüben Wasser Jahr für
Jahr

Hin zur Mündung, fort zum Meer.

Er wird nicht alt, ihm fällt's nicht
schwer.

Er wird nicht müde, kennt keinen Ver-
druss.

Nie kommt er zum Schluss.

Du kannst es nur erahnen,

Wie er vor langer Zeit

Und bis in alle Ewigkeit

Auf immer neuen Bahnen

Floss und fließt dahin.

Wagst du zu fragen nach dem Sinn?


Sind nicht alle Träume von gestern, heute und morgen

Am Ende nur lächerliche Schäume?

Gib sie frei, lass sie endlich ziehen dahin.

Befreie dich von deinen Sorgen.

Nimmermehr strebe nach Gewinn.


Die flüchtende, Kräfte verzehrende Zeit

Weiß nichts von tiefer Traurigkeit.

Ruhm, Geld und Ehren

Die du, Narr, willst vermehren,

Lacht dich schallend aus.

Stinkende Kadaver, macht allem den Garaus.

Jahre sind wie Perlen an einer Schnur.

Sie werden nicht schöner, doch zahl-reicher nur.

Jedoch die Kette kommt bald an ihr Ende.

Keine der Perlen verschwende.

Niemals wird dir erstattet, was die Zeit
verschlungen hat.

Schien früher sie großzügig, spürst du
jetzt ihren Geiz.

Höhen und Tiefen, alles macht sie
platt.

Ist das ihr geheimer Reiz?


Noch pulsiert in dir

Wilde Lebensgier.

Noch bist du nicht satt.

Selbst wenn dir dämmert die quälende
Gewissheit

Der Jahre und des Lebens Endlichkeit.


Süßer Saft der letzten Früchte,

Dich will ich gierig trinken.

In mir verspür ich prickelnde Süchte.

Wie schmackhafte Trauben wachsen sie am Rebstock des Lebens und winken.

Wer gibt mir die ersehnten Jahre,

Damit ich die Tiefe und Weite des Lebens erfahre,

Die ich bis jetzt versäumt.

Alle die wertvollen Jahre,

Die ich bis jetzt verträumt.